Katzen

Sanft & Eigenwillig

tosa

Von:
Für:

Inhaltsverzeichnis

Katzen

Es gibt Menschen, die sie lieben, die sie geradezu anhimmeln und der Versuchung, sie zu streicheln, einfach nicht widerstehen können … Und es gibt Menschen, die sie nicht besonders mögen und bei denen sie, im Vergleich zu Hunden, den Kürzeren ziehen … In jedem Fall gibt es nur sehr wenige Leute, die sie völlig kalt lassen, denn Katzen leben in unseren Städten und auf dem Land. Sie haben sich sogar an das Leben in der Wohnung angepasst, ohne dabei ihre ureigene Freiheitsliebe und Eigenständigkeit aufzugeben.

Nichts liegt jedoch ferner, als ihr Verhalten als „menschlich" zu bezeichnen; eine Katze aufzunehmen und respektvoll mit ihr zusammenzuleben, bedeutet vielmehr, ein außergewöhnliches Abenteuer zu beginnen und zu entdecken, dass die Fähigkeit zum Beobachten keineswegs nur menschlicher Natur ist! Dieses kleine Buch enthält Gedanken und Sprüche, die Philosophen und Schriftsteller der faszinierenden Katze gewidmet haben, ebenso wie nützliche Ratschläge und Geheimnisse für all diejenigen, die sie lieben und besser kennenlernen möchten.

Katzen

Katzen demonstrieren ihre ehrlichen Gefühle. Menschen schaffen es meistens, aus welchem Grund auch immer, ihre wahren Gefühle zu verstecken. Katzen nicht.

Ernest Hemingway (1899–1961)
Schriftsteller

Joghurt kann, wie andere Milcherzeugnisse, als Proteinquelle, alternativ oder ergänzend zu Fleisch, bei der Ernährung der Katze verwendet werden.

Hunde denken,
sie seien Menschen.
Katzen denken,
sie seien Gott.

Anonym

Wissenswertes

Wenn Ihre Katze Ihnen kleine Küsschen gibt, indem sie Ihnen das Gesicht ableckt, merken Sie, wie rau ihre Zunge ist. Sie ist bedeckt mit Papillen, mit Widerhaken, ähnlich wie Sandpapier, und hat verschiedene Funktionen: Zum Beispiel dient sie dazu, das Fleisch vom Knochen der Beute zu lösen und sich zu putzen. Während der Körperpflege nutzt die Katze ihre Zunge wie eine Bürste, indem sie ihr Fell durchkämmt und jeden Schmutz entfernt. Wenn sie die Zunge zusammenrollt, benutzt sie sie wie einen Löffel zum Trinken.

Katze: ein winzig kleiner Löwe,
der Mäuse liebt, Hunde hasst und
mit den Menschen Nachsicht hat.

Oliver Herford (1863–1935)
Amerikanischer Schriftsteller

Wissenswertes

Die Polei-Minze, die sich von der Minze durch kleinere, abgerundete Blätter unterscheidet, verströmt den Duft von Zitrone und Menthol, der Flöhe fernhält. Man kann die Katze mit diesen Blättern abreiben, es ist aber nicht gesagt, dass sie sich die Prozedur freiwillig gefallen lässt.

Ich kenne die Katze nicht.
Ich weiß alles über das Leben und seine Geheimnisse, aber es ist mir nie gelungen, die Katze zu entschlüsseln.

Pablo Neruda (1904–1973)
Dichter

Kurios

Nur wenige andere Tiere faszinieren die Allgemeinheit so sehr wie die Katze. Sie ist schon immer Hauptfigur von Märchen und Mittelpunkt von Legenden. In einigen Kulturen betrachtet man sie auch heute noch als Gottheit, in anderen als Teufel. Einmal ist sie ein Symbol für die Wahrheit, ein anderes Mal Ursprung schrecklicher Sünden.

Wer da neben unseren Kaminen schnurrt und in kleinen, schnellen Schritten den Zaun entlang läuft, sich in unseren Gärten befindet, ist in Wirklichkeit ein Tier, das wild, unerschrocken und unabhängig ist, wie kein anderes auf der Welt.

Alan Devoe (1909–1955)
Naturalist und Schriftsteller

Zwei Katzen machen
einem Löwen zu schaffen.

Jüdischer Spruch

Wenn Sie erst seit kurzem ein kleines Kätzchen haben und für ein paar Stunden weg müssen, lassen Sie ihm eine Wärmflasche (38 °C) da, die Sie in ein Handtuch wickeln: So wird es sich an seine Geschwister erinnern und sich nicht mehr so alleine fühlen.

Wissenswertes

Die Katze liebt Musik, insbesondere klassische Musik. Sie besitzt ein sehr feines Gehör; das sogenannte „perfekte Gehör", wie die großen Dirigenten kann sie den Unterschied zwischen zwei Noten erkennen. In der Bandbreite der hohen Töne nimmt sie Werte wahr, die über 65.000 Hz liegen (der Mensch hört bis zu 20.000 Hz): Daher verträgt sie keine lauten Geräusche oder voll aufgedrehte Musik.

thy good with broth - er - hood
thy soul in self - con - trol,
suc - cess be no - ble - ness
thy good with broth - er - hood

Um eine Katze zu baden, braucht man Kraft, Ausdauer, Überzeugungskraft … und eine Katze. Für gewöhnlich ist Letzteres am schwierigsten zu finden.

Stephen Baker
Schriftsteller

Die Katze ist ein unabhängiges Geschöpf, das sich nicht dazu entscheidet, Gefangene des Menschen zu sein, sondern mit ihm eine gleichberechtigte Beziehung eingeht.

Konrad Lorenz (1903–1989)
Ethologe und Philosoph

Mir wurde gesagt, dass die Erziehung von Katzen sehr schwierig sei. Das ist nicht wahr. Meine hat mich schon in wenigen Tagen erzogen.

Bill Dana
Schauspieler und Drehbuchautor

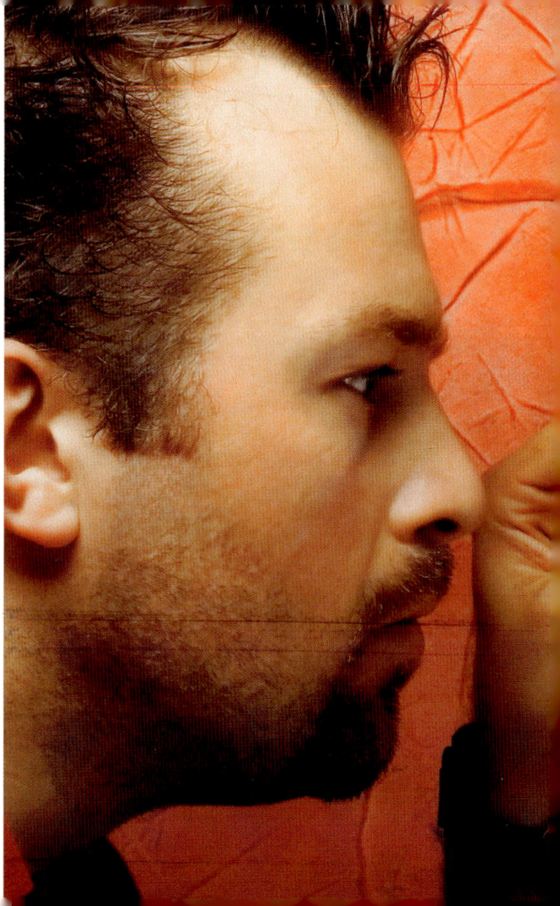

Wenn Sie umziehen, dann lassen Sie die Katze durch das Fenster herein, nicht durch die Türe, so wird sie nicht weglaufen.

Amerikanischer Volksglaube

Katzen sind einsame Jäger: Um ihre Beute zu genießen, ziehen sie sich an einen sicheren Platz zurück und widmen dem Essen viel Zeit, indem sie aufmerksam kauen. Die Speiseröhre der Katzen weist unter anderem ziemlich enge Abschnitte auf, deshalb ist es notwendig, dass die Katzen ihr Fressen in kleinen Stücken zu sich nehmen.

Katzen nahm man früher gerne mit auf Schiffe: Dank ihrer Fähigkeit, Mäuse und Ratten zu jagen, blieben die Lebensmittelvorräte verschont.

Die Vorstellung, die Katzen von Bequemlichkeit haben, ist für den Menschen absolut unbegreiflich.

Colette (1873–1954)
Schriftstellerin

Ein Hund ist Prosa.
Eine Katze ist ein Gedicht.

Jean Burden (1914–2008)
Dichter

Frauen und Katzen sollte man bei der Körperpflege niemals hetzen.

Volkstümliches Sprichwort

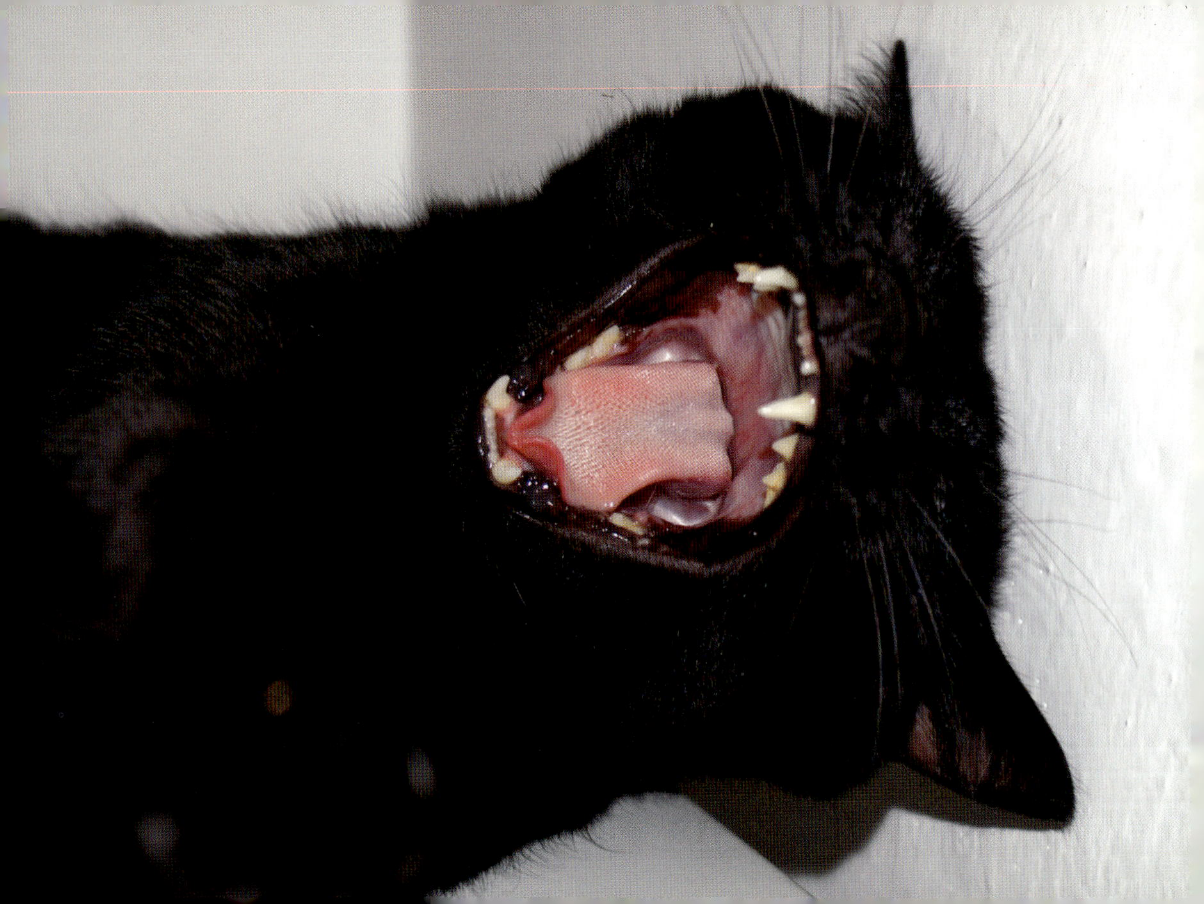

Siehst du die Katze gähnend liegen,
weißt du, dass wir Gewitter kriegen.

Italienische Bauernregel

Ich glaube, dass jede Katze gerne denkt,
sie sei die einzige Katze auf der Welt.

Colette (1873–1954)
Schriftstellerin

Gott hat die Katze geschaffen,
um dem Menschen die Freude zu schenken,
einen Tiger zu streicheln.

Joseph Mery (1797–1866)
französischer Schriftsteller und Dichter

Wie die enormen Sphinx, die für die Ewigkeit in nobler Pose in der sandigen Wüste verweilen, blicken sie in das Nichts, erhaben, ruhig und weise.

Charles Baudelaire
(1821–1867)
Dichter und Kritiker

Wissenswertes

Katzen fressen Gras, doch wenn sie dieses Bedürfnis verspüren und kein Gras zur Verfügung haben, fressen sie die Pflanzen in der Wohnung. Stellen Sie sicher, dass keine giftigen Pflanzen in Reichweite sind.

Wussten Sie, dass die erste Katzenausstellung über 100 Jahre her ist?

Sie fand 1871 in London statt.

Wissenswertes

Es gibt eine Wildkatze, die in den schottischen Highlands lebt: Vorsichtig und misstrauisch gegenüber dem Menschen, streift sie vor allem nachts herum. Folglich ist es für Ethologen und Zoologen schwierig, ihr Verhalten zu studieren. Doch ihr Geheimnis und ihre wilde Schönheit haben die Fantasie der dortigen Bevölkerung angeregt, die ihr den Namen „Tiger der Highlands“ gegeben haben.

Katzen sind unendlich viel freundlicher als Hunde. Oder haben Sie jemals ein Schild gesehen: „Vorsicht vor der Katze"?

Leonard Grainger
Aphoristiker

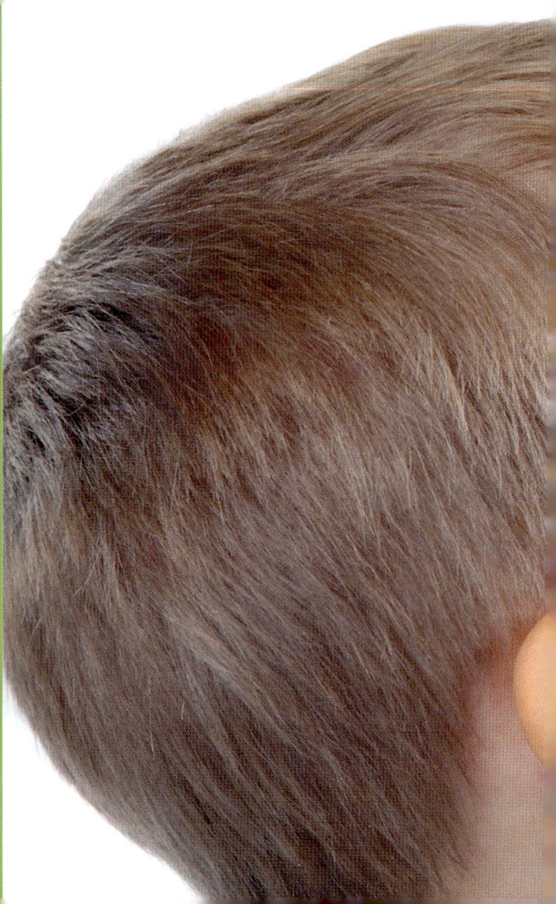

Schnurren scheint im Falle der Katze
eine Schutzvorrichtung zu sein,
ein Ventil, um Anhäufung von Glück
ausströmen zu lassen.

Monica Edwards (1912–1998)
Schriftstellerin

Wenn Sie der Liebe
einer Katze würdig sind,
wird die Katze Ihr Freund,
aber niemals Ihr Sklave.

Théophile Gautier (1811–1872)
Schriftsteller und Dichter

Wissenswertes

Es ist bekannt, dass Süßigkeiten Tieren schaden, aber Bitterschokolade ist geradezu giftig für Katzen: Das in der Schokolade enthaltene Theobromin ist derart schädlich, dass 60 Gramm davon für eine kleine Katze bereits tödlich sein können.

Eine Katze fragt nicht,
sie nimmt.

Garfield
Comic-Figur

Kurios

Was hatten Julius Cäsar, Henry II, Karl XI und Napoleon gemeinsam? Ailurophobie, das heißt, sie hatten Angst vor Katzen. Diese Angst sorgte dafür, dass diese Männer, die ansonsten außerordentlich mutig waren, bei Anwesenheit einer Katze sogar in Ohnmacht fielen.

Katzen in Cartoons und Märchen

Figaro ist das schwarze Kätzchen mit weißem Bauch und weißem Schnäuzchen, das im Film Pinocchio von Walt Disney erscheint.

Tom ist der 1940 von W. Hanna und J. Barbera für Metro Goldwyn Mayer geschaffene graue Kater, der immer auf Kriegsfuß steht mit der pfiffigen kleinen Maus Jerry.

Die Grinsekatze oder Cheshire-Katze ist eine Figur, die Lewis Carroll erfunden hat. Sie ist eine der geheimnisvollsten Figuren im Wunderland, möglicherweise inspiriert von volkstümlichen Erzählungen. Sie wurde auf viele Arten dargestellt, die Grinsekatze von Walt Disney ist aber die sympathischste.

Silvester ist womöglich der dümmste aller Cartoon-Kater, in ewigem Kampf gegen den Kanarienvogel Tweety, den er jedoch nie erwischt, und mit dem Hund Hector, mit dem er sich ständig rauft.

Luzifer ist der böse Kater der Stiefmutter von Aschenputtel. Er verfolgt die Mäuschen, die auf dem Hof leben, und gönnt ihnen keinen Augenblick Atempause.

Aristocats ist der erste Cartoon von Disney, der nach dem Tod des Gründers entstanden ist. Die Katzen sind die Hauptdarsteller: Duchesse, eine schöne und vornehme Katze, mit ihren drei Kätzchen Marie, Toulouse und Berlioz und Thomas O´Malley, der männlichen Hauptfigur, einem Straßenkater, der immer mit seinen Jazz spielenden Katzenfreunden zusammen ist.

Felix der Kater wurde 1919 als Cartoon von Otto Messmer erfunden und lief ab 1923 als Comic-Serie. Die Erkennungsmelodie der Cartoon-Serie „Felix the Cat“ ist sehr bekannt.

In Ägypten wurden Katzen zu Tausenden geopfert und mumifiziert, obwohl sie dort heilig waren. In einem großen Tempel wurden Ende des letzten Jahrhunderts über 300.000 Mumien von Katzen mit mumifizierten Mäusen entdeckt: eine Art Mahlzeit für das Jenseits.

Viele Katzen sind in der Lage,
das Auto ihres Menschen zu erkennen,
wenn es in der Nähe des Hauses ist
und fangen sofort an zu schnurren.

Der Prophet Mohammed,
Gründer des Islam, schnitt einen
Teil seines Mantels ab,
um die Katze, die darauf schlief,
nicht zu wecken.

Jedes Leben sollte
sieben Katzen haben.

Anonym

Die *Katze* und der Fuchs

Eine Katze und ein Fuchs haben beschlossen, gemeinsam durch die Welt zu reisen. Unterwegs haben die beiden Freunde sich viel unterhalten, sie erzählten sich gegenseitig ihre Abenteuer, sprachen über ihre Freunde, ihre Feinde und die Erfahrungen, die sie gemacht haben.
„Ich“, sagte der Fuchs, „schaffe es, ein Huhn aus dem Hühnerstall zu schnappen ohne es nur aufzuwecken!“
„Ich“, entgegnete die Katze, „kenne einen Trick, der mehr wert ist als all deine List!“
Der Fuchs prahlte weiter: „Ich baue eine Höhle mit vielen Ausgängen, so kann ich immer verschwinden, wenn es nötig ist.“

„Und ich habe meinen Trick…“
Da platzte es schließlich genervt aus dem Fuchs heraus:
„Jetzt sag schon! Was soll denn das für ein Trick sein?“
In diesem Moment bemerkten sie Jäger in der Ferne und zwei große Jagdhunde, die auf sie losstürmten.
„Nun siehst du meinen Trick!“, rief die Katze, fuhr ihre Krallen aus, kletterte schnell auf einen großen Baum und brachte sich so in Sicherheit, außer Reichweite der Hunde.

Schriftsteller lieben Katzen, weil sie ruhige, liebenswerte und weise Geschöpfe sind, und Katzen lieben Schriftsteller aus den gleichen Gründen.

Robertson Davies (1913–1995)
Schriftsteller und Dramaturg

Man sollte eine Katze
nie während dem Essen,
dem Schlafen oder
dem Putzen stören.
Das bringt sie aus ihrem
nervösen Gleichgewicht.

Wissenswertes

Durchdringend und faszinierend – der Blick ist eine der fesselndsten Besonderheiten der Katze. Als sehr wichtiges Jagdwerkzeug ist ihr Auge ausgestattet mit einer Hornhaut, einer Pupille und einer Linse, die viel feiner entwickelt sind als beim Menschen und die der Netzhaut erlauben, mehr Licht aufzunehmen. Was die perfekte Sicht der Katze bei Dämmerung ausmacht, ist jedoch das Tapetum, die reflektierende Schicht hinter ihrer Netzhaut, die das Licht, das die Netzhaut passiert hat, zurückspiegelt.

Im Mittelalter dachte man, Blut und Fell von perfekt schwarzen Katzen hätten heilende und magische Kräfte.

Wissenswertes

Es kann vorkommen, dass eine Katze ihren eigenen Besitzer anfaucht, nur weil dieser eine andere Katze berührt hat. Es ist nämlich so, dass die Berührung einer Katze an einem Objekt einen Geruch hinterlässt, den nur andere Katzen mit ihrem feinen Geruchssinn wahrnehmen können.

12
6

Zwei Dinge auf der Welt
sind ästhetisch perfekt:
die Katze und die Uhr.

Émile-Auguste Chartier (1868–1951)
Philosoph und Schriftsteller

Wissenswertes

Nachdem wir eine Katze auf dem Arm gehalten haben, reinigt sie sich gründlich, um ihr Fell zu säubern und sich von dem Geruch der Person, die sie gestreichelt hat, zu befreien. Es scheint, dass das Sauberlecken eine tiefgehend beruhigende Wirkung hat.

Denken Sie daran, dass Sie der Katze zum Trockenfutter immer eine Schale mit frischem Wasser geben, da diese Nahrung, wenn sie immer trocken gefressen wird, bei der Katze zu Problemen mit der Blase und den Nieren führen kann.

Was man den meisten Katzen wahrhaft vorwerfen kann, ist deren unerträglich überheblicher Ausdruck.

P. G. Wodehouse (1881–1975)
Schriftsteller

Schon von Anfang an war klar,
dass jedes Mal, wenn es Arbeit zu tun gab,
die Katze unauffindbar war.

George Orwell (1903–1950)
Schriftsteller und Journalist

Tiere tun der Familie gut, den Großen wie den Kleinen: Sie zaubern Lächeln in die Gesichter, bringen zum Lachen, leisten Gesellschaft und heilen Depressionen. Auch die Christen müssten die Tiere lieben, denn man weiß zumindest aus der Zeit des Heiligen Franziskus, dass dieser zu Täubchen sprach, den Wolf von Gubbio bekehrte und lehrte, dass animalisch letztlich von dem Wort anima komme, was Seele bedeutet. Menschen und Tiere haben eine Seele und das führt sie zusammen.

Leonardo Da Vinci (1452–1519)
Künstler und Wissenschaftler

Wenn man einem Tier in die Augen sieht, sind alle philosophischen Systeme der Welt verworfen.

Luigi Pirandello (1867–1936)
Dramaturg, Schriftsteller und Dichter

Die Katze ist ein Gentleman: elegantes Auftreten, exquisite Manieren, eine Leidenschaft für Kämpfe um die Ehre, ausschweifende Liebesgeschichten, Duelle bei klarem Mondschein und Freudengesänge. Von ihrem Hauspersonal erwartet sie einen tadellosen Dienst und sie kann schimpfen und toben, dass es einem die Sprache verschlägt.

Pam Brown
Dichterin

Wissenswertes

Schließen Sie zur Sicherheit der Katze die Türen von Elektrogeräten: Das Innere einer Waschmaschine oder die Motorhaube eines Autos können die Mieze auf ihrer Suche nach einem warmen Plätzchen für ein Nickerchen anlocken.

Eine japanische Legende besagt, dass die Jungen einer Katze in einen Fluss gefallen waren. Ihr Geschrei und das der Mutter waren so herzzerreißend, dass sich die Weiden entlang des Ufers zusammenschoben und sich die Äste so im Wasser ausbreiteten, bis die Kätzchen schließlich darauf klettern und sich retten konnten. So erklärt sich die Form der Äste der Trauerweide.

Eine Katze kaufst du dir nicht: Sie ergreift Besitz von dir.

Tom Poston (1921–2007)
Schauspieler

Wenn sich Katze und
Maus arrangieren,
ist der Drogist ruiniert.

Iranisches Sprichwort

Eine Katze zu beobachten,
ist ein bisschen so,
als ob man bei der Entstehung
eines Kunstwerkes zusieht.

Oliver Herford (1863–1935)
Schriftsteller

Wie Sie ein Kätzchen groß ziehen

Kätzchen im Anmarsch!
Wenn das Kätzchen 3 Wochen alt ist, kann es anfangen Fleisch zu fressen. Diesen Abschnitt nennt man allgemein Entwöhnung. Am Anfang können Sie eine kleine Menge Fleisch zerkleinern und dem Kätzchen anbieten, indem Sie es ihm direkt vor sein Maul legen.

Es ist besser, wenn das Fleisch fein zerkleinert und lauwarm ist oder Zimmertemperatur hat. Sie werden sehen, dass das Kätzchen das Fleisch bald von selbst frisst. In einigen Fachhandlungen erhalten Sie auch Fleisch in Dosen, das mit Vitaminen und Nährstoffen angereichert ist, um das Wachstum zu fördern. Reichen Sie dem Kätzchen dann Fleisch und Milch in Schalen, die Sie vor sein Schnäuzchen stellen: Es wird bald anfangen zu trinken.

Nach und nach, wenn das Kätzchen wächst, fügen Sie weitere Zutaten hinzu: Gemüse, gekochten Reis, Kroketten für Katzen, weichen Käse, zerkleinerte Nudeln usw. Fahren Sie so fort, bis die Entwöhnung vorbei ist. Dies ist der Fall, wenn die Katze ca. 40–60 Tage alt ist, eine Phase, in der sie anfängt, komplett auf Milch zu verzichten. Mit 2–3 Wochen, sofort nachdem die Kätzchen die Augen öffnen, beginnen sie zu laufen, zu spielen und am Schwanz zu kauen. Auch wenn sie hinfallen, verlieren die Kleinen nicht ihren Mut und erkunden weiter ihre Umwelt.

Wenn sie im Garten leben, ist es gut, ihnen oft die Ohren zu reinigen. Wenn sie hingegen im Haus leben, müssen Sie kontrollieren, dass sie nicht an Nadeln oder anderen kleinen Gegenständen ersticken. Mit 25 Tagen kann die Katze sitzen, mit 30 Tagen kann sie alleine ihre Toilette erledigen und beginnt zu schnurren. Eine gute Gelegenheit, sie abzuhorchen, ist während des Trinkens: Wenn Sie den Hals der Katze berühren, fühlen Sie, dass er zittert und ein leises Geräusch wie ein „Prrr…" macht.

Nach der Entwöhnung

Ein entwöhntes Kätzchen braucht die Milch der Mutter nicht mehr. Auch distanziert es sich immer mehr von der Mutter, da es unabhängig werden möchte. Die Katze wird in jedem Fall auch beginnen, sich zu entfernen und das Kätzchen vom Stillen fernzuhalten, da ihr bewusst ist, dass das Kätzchen unabhängig geworden ist. Dies schafft nun einen „Konflikt", weil Mutter und Kind sich das gleiche Territorium teilen. Die Katzenmama wird ihr Kätzchen nicht mehr als ihr Kind ansehen und es anfauchen.

In dieser Phase, in der das Kätzchen nicht weiß, zu wem es gehen soll, wird es immer mehr die Zuneigung und Gesellschaft seines Menschen suchen. Wenn Katze und Kätzchen gemeinsam die gleichen Plätze teilen, ist es besser Ecken zu schaffen, in denen sie sich getrennt voneinander aufhalten und entspannen können.
Die Katze, wie auch der Mensch, braucht einen festen Platz zum Schlafen. Es ist also gut, einen Korb oder einen Kasten mit Kissen nur für die Katze bereitzustellen!

Katzen sind deutlich wählerischer als viele Hunde und sind oft nicht besonders für Trockenfutter zu begeistern. Um sie zufriedenzustellen, mischen Sie etwas Trockenfutter unter das frische Futter oder das Futter aus der Dose.

Die Perserkatze ist eine echte Adlige! 1889 hat Königin Viktoria diese Rasse in den Rang der Adligen erhoben.

Im Alten Ägypten wurden Katzen so vergöttert, dass sich alle Familienmitglieder als Zeichen der Trauer die Augenbrauen rasieren mussten, wenn die Katze gestorben war.

Die Katze lebt alleine, braucht keine Gesellschaft und gehorcht nur, wenn sie es so entscheidet.

François-René de Chateaubriand (1768–1848)
Schriftsteller und Diplomat

Wenn es möglich wäre,
Katzen Flügel zu verleihen,
würden sie sich nicht damit
zufrieden geben, Vögel zu sein,
sie wären Engel.

Dick Shawn (1924–1987)
Schauspieler

Wenn man sie sieht, wie sie glücklich in der Sonne eingeschlafen ist oder es sich auf dem Sessel gemütlich gemacht hat, könnte man sagen, die Katze sei dafür geboren, um in unseren Häusern zu leben. Aber Vorsicht: Wenn sie aufwacht und gähnend ihre langen Eckzähne zum Vorschein bringt oder wenn sie sich streckt und für einen Augenblick ihre mörderischen Krallen ausfährt, dann offenbart sich ihre wahre Natur. Verwandt mit zwei kleinen Wildkatzenarten, der Afrikanischen Katze und der Waldkatze, ist die „Hausmieze" mit weiteren 35 Arten verwandt, darunter große Raubkatzen, wie Seine Majestät der Löwe und der majestätische Tiger.

Nachts sind alle Katzen grau.

Englisches Sprichwort

Katzen in Comics und Märchen

Garfield ist der orangefarbene getigerte Kater, den Jim Davis 1978 erfand. Mit seiner zynischen und sarkastischen Art ist der dicke, faule Garfield zur Comic-Kultfigur geworden. Seine Lieblingsbeschäftigungen sind Fressen, Schlafen und Fernsehen.

Der gestiefelte Kater stammt aus dem Märchen von Charles Perrault aus dem Jahre 1697. In der Version der Gebrüder Grimm ist der Kater, der ein Paar große Stiefel trägt, zunächst nur ein scheinbar wertloses „Erbstück“, das sich dann jedoch als wahrer Glücksbringer entpuppt.

Da bei Katzen die Schweißdrüsen nicht wie beim Mensch über den ganzen Körper verteilt sind, sondern nur an einigen Stellen, senken sie ihre Körpertemperatur, indem sie regelmäßig ihr Fell lecken.

Wissenswertes

Der Ausdruck „massieren“, auf die Katze bezogen, kommt von der Beobachtung eines bestimmten Verhaltens, das sie während ihres ganzen Lebens immer wiederholt: Es handelt sich um die typische Bewegung der Vorderpfoten, die die Katzen machen, wenn sie Muttermilch saugen, mit der sie die Mutter anregen, mehr Milch zu geben. Die Wiederholung dieses Phänomens im Erwachsenenalter ist eine Art Rückkehr in die Kindheit: Es drückt den Genuss von Liebkosungen aus, ist aber auch eine Art bei Angst zu beruhigen.

Wenn sie aus ihrer vertrauten Umgebung genommen werden, erlangen Hauskatzen ihren wilden Überlebensinstinkt zurück, der in erster Linie die Jagd vorsieht.

Wissenswertes

Wem ist es noch nicht passiert, dass er ein merkwürdiges Geschenk von seiner Katze bekommen hat? Vielleicht ein Insekt, eine Eidechse, ein Vögelchen, oder noch besser, ein schönes Mäuschen? Dies lässt sich ganz einfach erklären: Unsere Katze wollte uns nur, aus Zuneigung oder Ergebenheit, eine echte Ehre erweisen, ein Zeichen ihres Vertrauens uns gegenüber. Also schreien Sie die Katze nicht an, es könnte sonst sehr frustrierend für sie sein, sondern bedanken Sie sich und belohnen Sie sie mit Streicheleinheiten.

Was sehen wir, wenn wir eine Katze beobachten? Lebhafte Augen, einen schlanken Körper, glänzend, stark, ein liebevolles und vertrauensvolles Tier, Unabhängigkeit, Finesse und einen Geist, der klug und vorwitzig zugleich ist. Ob die Katze neben uns langes oder kurzes Fell hat, ob sie getigert oder gefärbt ist wie eine Schildkröte, unsere Reaktion ist immer die gleiche: Wir sind fasziniert.

Katzen werden mit blauen Augen geboren, die Farbe ändert sich jedoch mit der 12. Lebenswoche.

In der Welt der Katzen gibt es eine Art Verkehrsregel. Die Katze, die auf einer Hauptstraße läuft, hat gegenüber einer Katze, die sich aus einer Seitenstraße nähert, immer den Vorrang.

Wenn ich mit meiner Katze spiele, wer kann mir dann sagen, ob es ihr mehr Spaß macht, sich über mich zu amüsieren oder mir mit ihr zu spielen?

Michel de Montaigne (1533–1592)
Philosoph und Schriftsteller

Katzen sind verkannt, weil sie vor Erklärungen flüchten; rätselhaft sind sie aber nur für jene, welche die Ausdruckskraft der Stille nicht kennen.

Paul Morand (1888–1976)
Diplomat und Schriftsteller

Wie kommunizieren *Katzen*?

Katzen haben eine sehr komplexe Sprache, die aus Gerüchen, Gesten und Miauen besteht. Von Geburt an können sie zwei sehr verschiedene Geräusche machen: Schnurren und Miauen. Mit dem Schnurren drücken sie Wohlbefinden und Dankbarkeit aus und es kann als deutliches Zeichen für Entspannung gesehen werden. Manchmal dient es auch dazu, absolutes Vertrauen der Katze zu ihrem Gegenüber zu demonstrieren.

Neben dem Schnurren können Katzen Dankbarkeit und Glückseligkeit auch dadurch ausdrücken, dass sie sich auf dem Boden rollen. Auch das Miauen drückt Gefühle aus und kann sehr unterschiedlich sein: Wenn die Katzen Todesangst haben oder „rollig“ sind, dann ist ihr Miauen sehr laut; wenn sie etwas wollen, von der Reinigung des Milchschälchens über Schmusen bis hin zu einem vollen Futternapf, dann miauen sie sanft; um ihre Wut zu zeigen knurren und schnauben sie. Außerdem nutzen Katzen auch oft ihren Körper zur Kommunikation, besonders ihre Mimik, ihre Pfoten und ihren Schwanz. Untereinander reiben sie oft ihre Nasen aneinander und beschnuppern sich als Zeichen der Freundschaft.

Wenn sie wütend sind, legen sie die Ohren und die Barthaare nach hinten, während sie mit einem ruckartig bewegten Schwanz Nervosität, mit einem schaukelnden Schwanz Aufregung und mit einem einfach nach oben stehenden Schwanz Begrüßung zeigen. Durch das Streifen am Besitzer übertragen sie ihren Geruch, wodurch sie die „Annahme der Freundschaft“ zu einer Person signalisieren. Eine erschreckte Katze hingegen sträubt das Fell und knurrt; wenn sie drohen will, macht sie einen Buckel.

Katzengras ist für die meisten Katzen das, was Wodka und Whisky für den Menschen sind.

Carl Van Pecten (1880–1964)
Schriftsteller und Fotograf

Jede Katze hat eine sehr genaue Meinung von den Menschen. Sie sagt nicht viel, aber das, was sie sagt, reicht, damit wir nichts anderes hören möchten.

Jerome K. Jerome (1859–1927)
Schriftsteller und Journalist

Auch Katzen mit Übergewicht wissen aus Instinkt die Grundregel: Wenn man fett ist, muss man posieren, als wäre man dünn.

John Weitz
Stilist und Schriftsteller

Die Katze würde den Fisch schon fressen wollen, aber ohne sich dabei die Pfoten nass zu machen.

Englisches Sprichwort

Waschen Sie oft den Fressnapf Ihrer Katze, die den Geruch des vorigen Essens hasst. Aber Vorsicht: Spülen Sie ihn nur gut mit Wasser aus, ohne Spülmittel zu verwenden, da diese Gerüche hinterlassen, die die Nase unseres kleinen Freundes sofort wahrnimmt.

Aberglaube über Katzen

Die Katze (vor allem die schwarze) wurde schon immer als ein Zeichen von Pech betrachtet und wurde im Mittelalter als Reinkarnation von Hexen und bösen Geistern gesehen… Diese Idee kann daher kommen, dass die Katze, auch wenn sie seit Tausenden von Jahren gezähmt ist, ihre wilden Instinkte behält und einen untrüglichen Orientierungssinn hat, was dem Menschen absolut übernatürlich erscheint.

In Europa waren Katzen über Jahrhunderte lang Kultobjekte, die christliche Kirche hingegen, erklärte sie zu echten Feinden des Glaubens. Ganz im Gegenteil dazu feierten die Alten Ägypter die Katzen als Gottheiten, da sie glaubten, sie könnten die Felder vor Mäusen und Verwüstung schützen. Deshalb behandelten sie die Katzen sehr gut, indem sie für sie vorzügliche Leckerbissen bereithielten und indem sie eines ihrer wichtigsten Feste zu Ehren der Göttin der Fruchtbarkeit Bastet feierten, die den Körper eines Menschen und den Kopf einer Katze hat.

Wenn die Mieze den größten Teil des Tages an der frischen Luft ist, sehen Sie sie pünktlich zur Essenszeit am Mittag oder Abend zurückkommen, um ihr tägliches Futter zu verzehren.

Tiere sind merkwürdig:
Hunde schauen dich von unten nach oben an,
Katzen schauen dich von oben nach unten an;
nur Schweine machen keinen Unterschied.

Winston Churchill (1874–1965)
Politiker, Schriftsteller und Journalist

Die Katze hat die wunderbare Gabe, durch das einzige Wörtchen „Miau“ Freude, Schmerz, Wonne und Entzücken, Angst und Verzweiflung, kurz alle Empfindungen und Leidenschaften auszudrücken.

Ernst Theodor Amadeus Hoffmann (1776–1822)
Schriftsteller

Ein Haus ohne Katze (vielmehr ohne eine gut genährte, verschmuste, verehrte Katze) kann auch perfekt sein, möglicherweise, aber wie kann es das beweisen?

Mark Twain (1835–1910)
Schriftsteller

Bevor Sie Ihre Katze bürsten, vor allem bei Langhaarkatzen, streichen Sie mit einem feuchten Tuch über ihr Fell, um bereits lose Haare zu entfernen.

Erst schmeicheln, dann kratzen,
ist die Kunst der Katzen.

Sprichwort

Wissenswertes

Haben Sie sich jemals gefragt,
warum Katzen auf Bäume klettern,
aber nicht wieder herunterkommen?
Weil ihre Krallen nur in eine
Richtung gehen.

Auch die kleinste der Raubkatzen, die Katze, ist ein Meisterwerk.

Leonardo da Vinci (1452–1519)
Künstler und Wissenschaftler

Eine Katze ist ein Löwe in einem Dschungel aus Sträuchern.

Italienisches Sprichwort

Frauen und Katzen machen immer was sie wollen; Männer und Hunde sollten sich entspannen und sich an diesen Gedanken gewöhnen.

Robert A. Heinlein (1907–1988)
Schriftsteller

Kurios

Seit 1990, als die Journalistin Claudia Angeletti unter den Lesern der Zeitschrift „Tuttogatto“ ein Referendum förderte, um einen festen Tag zur Feier des vierbeinigen Freundes zu beschließen, feiert man in Italien den 17. Februar als nationalen Tag der Katze. Für Februar entschied man sich, weil es der Monat des Wassermanns ist, Symbol für den freien Geist und die eigene Meinung und für den 17. hat man sich entschieden, weil man es wie 1 und 7 lesen kann, zur Abwendung von Unheil bezogen auf die 7 Leben jeder Katze.

Die Katze ist ein großartiger Freund.
Schade, dass sie kratzt.

Portugiesisches Sprichwort

Wenn die grünen
Augen einer Katze in
euch hineinsehen,
könnt ihr sicher sein,
dass was auch immer
sie euch sagen will,
die Wahrheit ist.

Lilian Moore
(1909–2004)
Schauspielerin und
Schriftstellerin

Die Katze hat zuviel Geist,
um kein Herz zu haben.

Ernest Menault (1830–1903)
Zoologe und Schriftsteller

Ich kriege immer wieder Gänsehaut,
wenn ich eine Katze betrachte,
wie sie etwas beobachtet,
das ich gar nicht sehe.

Eleanor Farjeon (1881–1965)
Schriftstellerin

Wenn es möglich wäre, Mensch und Katze zu kreuzen, wäre das von Vorteil für den Menschen, aber von Nachteil für die Katze.

Mark Twain (1835–1910)
Schriftsteller

Wenn eine Katze etwas macht, sagt man, sie tut es aus Instinkt, wenn wir das Gleiche machen, definieren wir es als Intelligenz.

Will Cuppy (1884–1949)
Humorist und Literaturkritiker

Eine Legende besagt, dass Buddha eines Tages seine Katzen zum Schutz auf einen Baum setzte. Die Miezen tranken jedoch den verzauberten Saft, der aus der Pflanze kam, erstarrten und wachten dann, lebhaft wie zuvor, wieder auf. Deshalb sind Katzen im Orient ein Symbol der Wiedergeburt.

Hunde erinnern sich an
Gesichter, Katzen an Orte.

Englisches Sprichwort

Eine Katze befindet sich immer auf der falschen Seite der Tür.

Anonym

*W*enn ihr nicht wollt,
dass eure Katze auf euch
herumläuft, während ihr schlaft,
tja, dann schlaft im Stehen!

Anonym

Kurios

Churchill war ein großer Katzenfreund und die Reportagen von damals berichten von verschiedenen Vorfällen, die das zeigen. Eine der meist erzählten besagt, dass der englische Staatsmann sich weigerte bei Tisch zu essen, wenn nicht seine geliebte Katze „Jock“ dabei war. Wenn sie nicht da war, waren die Bediensteten gezwungen, sie überall in der Residenz zu suchen. Eine Suche, die in Anbetracht der Schnelligkeit der Katze und der Größe der Residenz mehr ermüdend als unterhaltsam war.

Der gelenkige Verlauf ihres Körpers, stark und schlank, ist wie der Bug eines Schiffes.

Pablo Neruda (1904–1973)
Dichter und Schriftsteller

Die Bewunderung der Katze ist
der Beginn des ästhetischen Sinnes.

Erasmus Darwin (1731–1802)
Philosoph, Naturalist und Dichter

Man kann von einer Katze
nicht erwarten, dass sie sich
vor ein Schälchen Milch setzt
und nicht davon trinkt.

Deutsches Sprichwort

Kater Zorbas betrachtete sie und wusste nicht, ob Regentropfen oder Tränen seine gelben Augen bedeckten, die Augen eines großen dicken schwarzen Katers, eines guten Katers, eines edlen Katers, des Katers vom Hafen.

Aus „Wie Kater Zorbas der kleinen Möwe das Fliegen beibrachte".

Luis Sepúlveda
Schriftsteller

Katzen sind keine Katzen.
Sie sind verkleinerte Fabelwesen,
die in unsere Häuser kommen.

Giorgio Manganelli (1922–1990)
Schriftsteller und Journalist

Wie alle Adligen erfreut sich auch
die Katze an Jagd und Angeln,
hasst aber jede Form der Übung.

Thomas Browne (1605–1682)
Schriftsteller

Die Augen einer
Katze sind Fenster,
die uns in eine andere
Welt blicken lassen.

Irischer Spruch

Die Katze hat die
Tugend der Stille.

Henri Brunel
Yoga-Lehrer

Wissenswertes

Bieten Sie Ihrer Katze unterschiedliche Nahrung an, um sie gesund zu halten: Geben Sie ihr nicht nur Leber (das könnte zu Darmschäden führen), nicht nur Fisch (sonst hätte sie Vitamin B1-Mangel) und nicht nur Fleisch (das könnte zu Kalzium- und Vitaminmangel führen). Beim Trinkwasser gilt es zu beachten, dass das im Leitungswasser enthaltene Chlor ihren Geruchssinn irritieren könnte.

Auch wenn es am Kamin friedlich schnurrt, haben wir hier ein Tier, das wild und so rebellisch und pur ist, wie kein anderes unter dieser Sonne.

Alan Devoe (1909–1955)
Naturalist und Schriftsteller

Die Katze fordert in keiner Form Sympathie. Sie lebt alleine, gedankenverloren, erhaben in ihrer weisen Passivität.

Fritz Lang (1890–1976)
Regisseur

Ich habe viele Philosophien
und viele Katzen studiert:
Die Klugheit der Katzen ist
unendlich überragend.

Hippolyte Taine (1828–1893)
Philosoph und Historiker

Die große Faszination der Katze
liegt in ihrem grenzenlosen Egoismus,
in ihrer unverschämten Art,
in ihrer fehlenden Neigung,
sich etwas ehrlich zu verdienen.

Robertson Davies (1913–1995)
Schriftsteller und Dramaturg

Wenn sich die Katze ihr Maul reibt, wird es Sonne geben, wenn sie sich die Ohren reibt, gibt es Dauerregen.

Deutsche Bauernregel

Die Seiden, die von den Webern in Bagdad, im Irak, hergestellt wurden, waren inspiriert von wunderschönen und farbigen Zeichnungen von Fellen von Katzen. Diese Tücher wurden von europäischen Händlern als „abbi“ bezeichnet, was getigert bedeutet.

Wenn Sie Ihre Katze mit selbstgemachter Nahrung versorgen möchten, ist es wichtig, nur gut gekochte Zutaten zu verwenden: zum Beispiel Hähnchenbrust oder Fisch ohne Fett, Hackfleisch, gut abgetropfter und unter fließendem Wasser gewaschener Thunfisch (um den Überschuss an Salz so gut es geht zu entfernen), eventuell zusammen mit gekochtem und gewaschenem Reis (um soviel Speisestärke wie möglich zu entfernen).

Es ist einfach, einen Katzenfreund auf den ersten Blick zu erkennen: Seine Kleidung sieht immer ein bisschen alt und abgenutzt aus, seine Bettwäsche sieht wie Handtücher aus und seine Handtücher gleichen mehr als alles andere einem schlecht gelungenen Strickwerk.

Eric Gurney (1910–1992)
Kanadischer Illustrator

Die schmalen Pupillen der Katze sind ein Zeichen von Spannung, Drohung oder erhöhtem Interesse. Die runden und erweiterten Pupillen hingegen sind ein Ausdruck von Überraschung, Angst und Verteidigungshaltung.

Meine Katze macht all das,
was ich gerne mit weniger
Literatur tun würde.

Ennio Flaiano (1910–1972)
Schriftsteller, Drehbuchautor und Journalist

Kurios

Alle großen Zeichner waren von der Schönheit der Katze fasziniert. Leonardo hat zahlreiche Zeichnungen von Katzen hinterlassen und auch Michelangelo hat sie oft gemalt, vor allem bei der Jagd. Tiepolo liebte die ruhigen Katzen, die er oft auf dem Schoß ihrer Besitzer darstellte. Katzen finden sich auch in den Werken von Renoir, Manet, Chagall und Picasso. Der große Andy Warhol nutzte seine Katzen als Modelle für tausende Bilder, die nun auch auf Tassen und T-Shirts zu finden sind.

Menschen, die keine Katzen mögen, waren in einem früheren Leben Mäuse.

Anonym

Ein weißes Haar auf einer ganz schwarzen Katze bringt Glück.

Französischer Volksglaube

Danke an…

Bimba

Leone

Agata

Lupo

Lubli

Tigre

Penna

Otto

Belva

Kiki

Pinoli

Kiwi

Erstveröffentlichung unter dem Titel: „Gatti"

Via Mazzini 6, 43121 Parma, Italien
Telefon: +39(0)521 388510
Telefax: +39(0)521 388517
www.gruppofood.com
Bildrechte: Food srl, Fotolia

Genehmigte Lizenzausgabe
tosa GmbH
Fränkisch-Crumbach 2011
www.tosa-verlag.de
ISBN 978-3-86313-252-1